¿Y yo... por qué no?
What is wrong with me?

Escrito por / Written by Rebeca Alemán
Ilustrado por / Illustrated by Naulé Arvelo

Chicago, 2017

Water People Theater
Rebeca Alemán, Fundadora- Directora Ejecutiva
Rebeca Alemán – Founder and Executive Director

¿Y yo... por qué no? / What is wrong with me?

1ra edición, 2017
© Textos: Rebeca Alemán
© Ilustración: Naulé Arvelo
© Fotografía de la autora: Emilio Nadales

First Edition
Text copyright © 2017 by Rebeca Alemán
Illustrations copyright © 2017 by Naulé Arvelo
Author's photograph copyright © 2017 by Emilio Nadales

Coordinadora editorial: Carmen Verde Arocha
Producción editorial: Carmen Verde Arocha/ Rafael González García
Curaduría editorial: Iraida Tapias
Diagramación: Naulé Arvelo www.naulearvelo.com
Traductor: Ramón Camín Ybarra/ Casper Sanderson
Campaña promocional y medios: Tania Crespo/ Daymara Borden/ Cristina Chillida

Editorial Coordinator: Carmen Verde Arocha
Editorial Production: Carmen Verde Arocha/Rafael González García
Editorial Curator: Iraida Tapias
Graphic Design: Naulé Arvelo www.naulearvelo.com
Translation: Ramón Camín Ybarra/Casper Sanderson
Promotional Campaign and media: Tania Crespo/Daymara Borden/Cristina Chillida

www.waterpeople.org @waterpeoplet
www.rebecaaleman.com @rebecaaleman

Depósito Legal: MI2017000946
ISBN: 978-980-12-9868-7

Legal deposit: MI2017000946
ISBN: 978-980-12-9868-7

Todos los Derechos Reservados. Rebeca Alemán, SACVEN # 11221
Queda rigurosamente prohibida, sin la autorización escrita de los titulares del copyright, bajo las sanciones establecidas en las leyes, la reproducción parcial o total de esta obra por cualquier medio o procedimiento, incluidos la reprografía y el tratamiento informático, así como la distribución de ejemplares mediante alquiler o préstamo público.

All rights reserved by Rebeca Alemán, SACVEN # 11221
No part of this book may be reproduced or transmitted in any form or by any means, electronic or mechanical, including photocopying, recording, or by any information storage and retrieval system, without written permission from the Publisher.

A Cristian, Annika, Micaela, Diego, Ignacio, Emma Nathalie, Juan David, Camila, Santiago, Mateo, Gabriela, Nicolás, Marc, Oriana, Zadquiel, Jorgelis, Greta, Emiliana y Santiago Alberto, por compartir algunos sueños conmigo y ayudarme con su imaginación y sabiduría a escribir esta historia.

A mis hijos Alejandra y Gabriel, por crecer y seguir siendo niños.

To Cristian, Annika, Micaela, Diego, Ignacio, Emma Nathalie, Juan David, Camila, Santiago, Mateo, Gabriela, Nicolás, Marc, Oriana, Zadquiel, Jorgelis, Greta, Emiliana y Santiago Alberto for sharing their dreams with me and helping me write this story with their imagination and wisdom.

To my daughter, Alejandra, and my son, Gabriel, for growing up while quietly remaining children at heart.

Prólogo

En este cuento de Rebeca Alemán se reflejan dos cosas:

La primera, es que la intensidad con la que los niños viven el aquí y el ahora es directamente proporcional con la que superan cada trance de sus vidas justamente por eso, porque no están en el pasado ni en el futuro sino aquí, con ellos, con nosotros y con su circunstancia.

La segunda, es que Rebeca, a diferencia de muchos de los adultos que alguna vez fuimos niños y que cometimos el error de crecer, hace un ejercicio constante, casi a diario, por no olvidar que la vida es mucho más sencilla cuando logramos conectar con lo esencial, lo básico que, a fin de cuentas, es lo realmente mágico. Es decir, Rebeca se obliga cada día de su vida a estar aquí y ahora. Rebeca, muy inteligentemente, se niega a crecer y por eso escribe esta maravilla de cuento: para que quienes todavía nos podemos salvar, lo hagamos.

Ser feliz no es complicado. Los complicados somos nosotros cuando le ponemos adjetivos a los sentimientos, tiempo de caducidad a los momentos importantes y etiquetas a las personas.

Nada es tan malo ni nada es tan bueno como parece. A fin de cuentas, ambas cosas van a pasar y de ambas aprenderemos algo. Qué bueno que Rebeca no se haya dejado estafar con eso de crecer y nos recuerde que hacerlo es perder tiempo y posibilidades de ser feliz… aunque sea por ahora.

Ana María Simón

Prologue

This story by Rebeca Alemán illustrates two things:

The first is that the fullness in which children live the here and now is directly proportional to how they overcome each difficult situation in their lives. They do so precisely because they are neither in the past nor in the future but here with us, themselves and their circumstances.

The second is that Rebeca, unlike many adults who once were children and made the mistake of growing up, makes a constant, almost daily practice of refusing to forget that life is much simpler when one connects to what is essential and basic. After all, that is what is truly magical. Rebeca very wisely refuses to grow up and that is why she has written this wonderful story –so that those of us who can still save ourselves, will.

Being happy isn't complicated. We are the complicated ones when we impose adjectives on feelings, assign time limits to important moments and put labels on people.

Nothing is as bad or good as it seems. After all, good and bad things will happen and we'll learn from both. How lucky that Rebeca has refused to be fooled by the idea of growing up and that she reminds us that to do so, is to waste time and miss opportunities for happiness… at least for now.

Ana María Simón

Había una vez, no una… sino muchas veces la Navidad.

There was never just one Christmas… but many.

El camión bajaba una cuesta empinada hacia un hermoso valle iluminado.
Más de ochenta arbolitos, todos muy contentos camino a la ciudad.

—¡Aquí vamos Navidad! —celebraban los arbolitos muy emocionados.

The truck descended the steep slope towards a beautifully lit valley.
More than eighty very happy Christmas Trees are in the back as it drives towards the city.

"Christmas season has arrived! Here we go!" sang the very excited Christmas Trees.

El camión venía de un prado grande y muy verde situado a las afueras de la ciudad. Traía muchos arbolitos para decorar las casas que esperaban con alegría la Navidad. Más de ochenta arbolitos para más de ochenta familias.

The truck came from a large green meadow located at the outskirts of the city. The Christmas Trees were headed to thousands of families who wished to decorate their homes and officially welcome the Christmas Season. Over eighty trees for more than eighty homes had arrived.

Un árbol pequeño y flaco, distinto a los otros, Romplo, intentaba abrirse espacio entre los demás para ver por primera vez la ciudad. Lo logró.

—¡Al fin la Navidad! —dijo en voz baja Romplito muy contento.
—¡Qué emocionante! —dijo Sam.
—¡Wow! —exclamaron a la vez Oscar y la pequeña Sofía.
—Me gusta mucho la Navidad, es mi época favorita del año —comentó Antonio.
—¡Cuidado Romplito! Te puedes caer —advirtió Maggie.

Amongst the trees, was little Romplo, smiling excitedly and squeezing his way through to get a glimpse of the city. He was different from the other trees because he was much smaller and skinnier.

"Finally Christmas is here!" said Little Romplo, whispering.
Sam said, "This is so exciting!".
"WOW!" said Little Sofía and Oscar at the same time.
Antonio said, "Christmas is my favorite time of the year. I like it so much"
"Be careful Little Romplo! You might fall" said Maggie.

El camión recorría las calles llenas de luces de colores; lazos de muchos tamaños, tiendas con muñecos y venados que cantaban, movían la cabeza y sonreían.

Los arbolitos, muy atentos observaban las calles… los colores… los adornos… los niños con sus familias.

The truck drove through the city streets filled with colorful lights, beautiful Christmas decorations with big and small wreaths, window shops displaying the latest toys and reindeers smiling, moving their heads to the rhythm of Christmas carols.

The trees observed the street intently...the shops with their colorful window displays… the children and their families.

El camión llegó a la gran tienda. Varios hombres bajaban los arbolitos, los iban colocando en fila muy ordenados. Más de ochenta arbolitos esperaban a sus nuevas familias.

—Mami quiero ese —dijo un niño.
—Y yo ese, el grande —exclamó la hermanita.
—Claro que sí, compraremos el más bello —dijo la mamá.

The truck stopped in front of a large shop. One by one, several men unloaded and put all the newly arrived Christmas trees in an orderly line. More than eighty Christmas Trees eagerly and excitedly awaited their new families and the chance to be part of the Christmas Miracle.

"Mom, I want that one," said a boy.
A little girl said, "I want that big one"
"Sure, we will get the most beautiful one," said the mother.

El primer día, diez familias compraron diez arbolitos.

On the first day, ten families bought ten trees.

El segundo día, se llevaron los más grandes para ponerlos en las plazas.

On the second day, the largest trees were chosen to decorate the many city squares.

Así pasaban los días, cada vez menos arbolitos, pero nadie compraba a Romplo.

—¿Y yo… por qué no? —pensó Romplo muy preocupado.

Domingo… Lunes… Martes… Solo faltaban dos días para Navidad.

Days went by with less trees remaining, but nobody would buy Little Romplo.

"What is wrong with me?" Little Romplo worriedly thought.

Sunday… Monday… Tuesday… The days passed until just two days remained before Christmas.

—Quizá tengo menos ramas —exclamó Romplito a punto de llorar— O quizá soy muy flaco… ¿No soy tan verde, verdad? —se observó a sí mismo y respondió con mucha seguridad— Sí, sí soy verde, tengo mi propia maceta y huelo muy bien —Romplo se quedó pensando unos segundos—. Quizás estoy muy atrás.

"Is it because I have fewer branches?" Little Romplo asked on the verge of tears.
"Could it be because I am too thin? Is it because I am not green enough?" He looked at himself and declared with self-assurance, "No!" I am plenty green, I am in my pot and I have enough fresh pine scent to fill a truck!"
Romplo thought for a second.
"Maybe it is because I'm too far back?

Y llegó el jueves, día de Nochebuena. Solo quedaban cuatro arbolitos. Romplo estaba seguro de que alguien lo iba a comprar, era lo que más deseaba; si no ¿Para qué vino a la ciudad?

La gente apurada hacía las compras de última hora. Se llevaron uno, dos, tres arbolitos, pero nadie se llevó a Romplo.

—No te preocupes Romplito, una familia te va a venir a buscar —lo consoló Maggie despidiéndose.

Christmas Eve arrived. Only four trees remained. Full of hope and desire, Little Romplo was confident that someone will buy him today. If not, why did he come to the city?

People rushed back and forth with last-minute shopping lists in their hands. Some came and bought one, two, three Christmas Trees, but nobody took Little Romplo.

"Don't feel bad, Romplo. I'm sure you'll have a family soon too," said Maggie, consoling Romplo as she waves goodbye.

Cerraron la tienda. Y allí, tras las rejas, quedó Romplo, solito… Estaba tan, tan triste, que se quedó dormido de la tristeza.

The sun finally set and the Christmas Tree shop owners closed up. Little Romplo was left there all alone. Tears could be seen rolling down his furry branches. He was so sad that he cried himself to sleep.

A la mañana siguiente, con la salida del sol, un silencio muy intenso lo despertó. Abrió los ojos y no podía creer lo que veía… las calles vacías, sin luces, desoladas; ya no había música. La gente dormía, celebraron hasta muy tarde. Romplito miraba las ventanas de las casas una a una, buscando a sus amigos. La noche anterior brillaban llenos de luces de colores, bastones de caramelos y muchos adornos, pero ahora no los veía. ¿Qué pasó?

At sunrise, on Christmas Day, an eerie silence stirred Little Romplo out of his slumber. He opened his eyes and saw empty, desolate streets. There were no lights. There was no music. Everybody was asleep. They had been celebrating until late hours of the night. From his shop courtyard, Little Romplo looked at the windows one by one in search of his friends, but he couldn't see them. The previous night they were covered in beautiful Christmas decorations, candy canes and colorful lights that sparkled like stars through the window glass. What happened?

—¿Por qué tan callados? ¿A dónde fueron? —se preguntó Romplo.

Así pasó la Navidad, solito en el patio de la tienda y sin saber de sus amigos.

"Why is everybody so quiet? Where is everyone?" Romplo asked himself.

He spent Christmas Day alone, with no friends or family in the cold courtyard.

Al día siguiente, cerca del mediodía, escuchó los primeros ruidos. Abrió los ojos y vió a muchas personas sacando los arbolitos, llenos de luces apagadas, ramas caídas, sin adornos y dejándolos en las aceras. La Navidad había terminado.

The following day around noon, several loud noises could be heard. Little Romplo opened his sad eyes to see all his companions being thrown out on to the sidewalks like common trash bags. They were lying there in a net of Christmas lights that didn't shine and droopy branches with no decorations. Christmas was over.

—¿Qué pasa? —preguntó desconcertado Romplo— ¿Por qué los sacan así?

—¡Fue horrible, la peor experiencia de mi vida! ¡Qué suerte tuviste Romplo! —respondió Antonio.

—Nos amarraron con luces calientes —comentó Sam casi llorando.

—Nos colgaron adornos pesados —dijo Sofía muy molesta— Mira mis ramas… las torcieron.

—Tengo mucha sed —dijo Oscar.

" What's going on? Why are you being thrown out this way?" asked Romplo.

"It was horrible; the worst experience of my life. You were so lucky, little Romplo!" said Antonio.

"They wrapped us in hot lights," said Sam, almost crying.

"They hung heavy decorations on us," said Sofia. "Look at my branches. They're all mangled and twisted".

Oscar said, "I'm very thirsty".

—Me pusieron este lazo por horas, me aprieta demasiado —Se quejó Maggie.

—Quiero a mi mamá —dijo Oscar ya sin brillo, doblado y con algo blanco en las ramas.

—¿Nieve? ¿Allí adentro? —preguntó Romplo asombrado.

Oscar negó con la cabeza —No Romplo, esto es pegostoso y pica mucho.

—¿Por qué nos botan? ¿Será que ya no servimos? —dijo Maggie confundida.

"They tied this bow on me for hours. It was so tight!" said Maggie, complaining.

"I want my Mommy!" said Oscar with something white on his branches, no more sparkle and completely bent.

"Snow? Inside?" Romplo asked, surprised.

Oscar shook his droopy head. "No, Romplo. It's sticky and itches a lot!"

"Why do they throw us out? Are we no longer needed?" asked Maggie, confused.

De pronto el sonido de una campana se escuchó cada vez más cercano y más seguido. Era el camión que venía a recoger a los pinos que no se vendieron, para llevarlos de nuevo a su hogar, al prado grande y hermoso.

—¿Listo? —dijo el chofer en voz alta, subiendo a Romplo al camión— Allá vamos de regreso a casa.

Suddenly, the sound of a horn honking frequently and coming closer was heard. It was the truck that had come to pick up the pine trees that weren't sold and take them back to their home in the big beautiful meadow.

"Ready?" the driver asked out loud as he lifted Romplo onto the truck. "We're going back home."

Los arbolitos angustiados miraban a Romplo.

The worried trees looked at Romplo.

—¿Qué va a pasar con ellos? —preguntó Romplo al chofer.

—Ya no podemos hacer nada. De verdad lo siento —respondió el señor apenado. Los arbolitos a punto de llorar veían el camión alejarse rumbo al prado.

Romplo, muy triste, no podía apartar la mirada de sus amigos. Estaba tan triste, que bajó la cabeza de tanta tristeza.

"What's going to happen to them?" Romplo asked the driver.

"There's nothing we can do now. I'm really sorry," the man said sadly. The trees are on the verge of tears.

Romplo stood very sadly at the back of the truck, unable to look away from his friends. Such was his sadness, that he lowered his head.

—¿Qué hago? ¿Qué puedo hacer? —se preguntó.

No habían pasado dos minutos.

—¡Maggie! ¡Oscar! ¡Sam! ¡Antonio! ¡Sofía! —gritó Romplo a sus amigos— ¡Los cables!

Los árboles no entendían. El camión seguía alejándose.

—¡Los cables de las luces! ¡Únanlos! ¡Hagan una cuerda muy larga y láncenla al camión! —grita Romplo ansioso— ¡Yo la sostengo muy fuerte para que se suban y regresemos todos juntos! ¡Vamos! ¡Vamos!

Los arbolitos se quitaron rápidamente los cables para tejer una cuerda.

"What do I do? What can I do?" he asked himself.

Less than two minutes later…"Maggie! Oscar! Sam! Antonio! Sofia!" Romplo shouted at his friends. "The wires!" The trees didn't understand. The truck continued to drive further away.

"The wires for the lights! Join them together! Make a long rope with them and throw it toward the truck," Romplo shouted anxiously. "I'll hold on to it tightly so that you can all climb aboard and go back together! Come on! Come on!"

The trees started to quickly take their wires off weaving them into a tight rope.

—¡Señor! ¡Señor! —llamó Romplo al chofer— ¿Puede detener el camión, por favor? Es que no cerró bien la puerta y me puedo caer.

El señor se detuvo y se bajó del camión para chequear la puerta. En ese momento miró hacia la ciudad y vió a los árboles, muy apurados, tejiendo los cables para hacer la cuerda.

—Son mis amigos. No quiero dejarlos —insistió Romplito casi llorando.

"Mister! Mister!" Romplo called out to the driver. "Could you stop the truck please? You didn't close the door well and I could fall out."

The man stopped the truck and got out to check the back door. Right at that moment, he looked toward the city and saw the trees frantically weaving the wires together to make a rope.

"They're my friends. I don't want to leave them," Little Romplo insisted with tears in his eyes.

—Pero ya no se puede hacer nada por ellos —respondió el chofer—.
—Sí se puede —afirmó Romplo con mucha seguridad—. Allá, en nuestra casa, entre todos, algo se nos ocurrirá.

El señor lo vio desconcertado.

—Por favor —suplicó Romplo.

El señor miró sorprendido a los arbolitos, al ver que poco a poco las luces de colores de la cuerda comenzaron a brillar, tanto, tanto, tanto como ríen la luna y el sol.

"There is nothing we can do for them" said the driver.

"Yes, there is," Romplo said confidently. "Back home, we'll all think of something together."

The man looked at him, confused.

"Please," Romplo insisted.

The man turned to look at the trees and was surprised to see that, little by little, the colored lights on the wires began to shine. They shined as bright as the smiles of the moon and the sun.

El chofer se subió al camión.

—Por favor —repitió Romplo casi sin voz…

Hubo un silencio profundo… Solo se oía el motor del camión… Los arbolitos muy tensos miran a Romplo.

—Por favor, no los podemos dejar —susurró Romplito.

The driver got back in the truck.

"Please," Little Romplo repeated almost silently…

There was a deep silence. Only the truck's motor could be heard. The trees looked at Little Romplo very nervously.

"Please, we can't leave them," Romplo whispered.

De pronto, sonó la campana de nuevo, ahora más fuerte que antes. El motor rugía, el camión giró completamente y aceleró rumbo a la ciudad a rescatar a los amigos.

Suddenly, the horn started beeping again. This time, it was much louder than earlier. The engine roared, the truck turned around and sped toward the city to rescue his friends.

Por la misma cuesta empinada subía el camión rumbo al prado. A bordo Sam, Oscar, Antonio, Sofía, Maggie y Romplo.

—¡Allá vamos, de regreso a casa! —gritaban felices y muy agradecidos de volver a su hermoso hogar, de donde no quisieran salir nunca más.

The truck now climbed the same steep hill on the way to the meadow. Sam, Oscar, Antonio, Sofia, Maggie and Romplo were on board.

"Here we go! We're going back home!" they yelled happily. They were grateful to return to the beautiful home that they never wanted to leave again.

A veces, deseamos tantas cosas que nos olvidamos de tres muy importantes:

Entre todos es más fácil cuidar al planeta.

Mira todo lo que tienes a tu alrededor. Quizás en este momento, no necesites más.

Alguien allá afuera puede estar pasando solo y triste la Navidad, solamente por ser distinto.

Sometimes, we want so many things that we forget three very important truths:

It's easier to care for our planet together.

Look at everything that you have around you. You might not need anything else.

Someone out there may be having a sad and lonely Christmas just because they're different.

Si después de leer el cuento quieres compartir algo conmigo, escríbelo o dibújalo y envíamelo. Lo estaré esperando.

@littleromplo

Puedes utilizar los hashtags
#LittleRomplo
#Romplo
#TodosSomosDistintos

If you'd like to share something with me after reading this story, write or draw it and send it to me. I'll be on the lookout.

@littleromplo

You can use the hashtags
#LittleRomplo
#Romplo
#WeAreAllDifferent

REBECA ALEMÁN @rebecaaleman
(Venezuela)

Periodista, escritora, pianista, reconocida actriz y productora de teatro, cine y televisión. Fundadora de Water People Theater.

"Decidí dedicarme al teatro, al cine, al piano y al periodismo porque creo en la fuerza transformadora del Arte. Hay tres palabras que siempre están presentes en cada acción y en cada decisión que tomo: Responsabilidad, Futuro, Esencia. Parafraseando a Oliver Sacks, no hay tiempo para nada que no sea esencial. El futuro es el resultado de las decisiones que tomamos. El futuro es responsabilidad. Depende de mí tomar las mejores decisiones, no solo para mí y mi familia sino que tengan impacto en la sociedad, en la educación, en tener mejores países, un mundo mejor. Creo que una de las decisiones más importantes que he tomado en mi vida, ha sido intentar transformar al otro a través del Arte. Sueño con un mundo posible".

La historia suele decirnos en cual escenario pararnos. Depende de nosotros no equivocarnos.

Journalist, writer, pianist, TV, film and theater award-winning actress. Founder and Executive Director of Water People Theater.

"I decided to dedicate myself to theater, film, journalism and to play the piano because I believe in the transformative power of Art. There are three words that are ever-present in every action I take and in every decision I make: Responsibility, Future, and Essence. To paraphrase Oliver Sacks, there is no time for anything inessential. The future is the result of every action we take. The future is responsibility. It is up to me to make the best decisions, not only for me and my family, but to have an impact in society, education, in having better countries and a better world. I think that one of the best decisions I have made in my life is to try to transform others through Art. I dream of a world that is possible".

History tends to give us the ideal stage to play on, It's up to us to avoid choosing the wrong one.

www.ingramcontent.com/pod-product-compliance
Lightning Source LLC
Chambersburg PA
CBHW040026050426
42453CB00002B/19